JN438308

# 참 별일이시

# 참 별일이시

가슴 뛰는
삶이 이다지도
좋을까?

윤 신 희 제2시집

도서출판 천우

## ● 시인의 말

"'그리움'과 '그림'은 어원이 같다. 종이에 긁어 새기는 것은 글과 그림이 되고, 마음에 긁어 새기는 것은 그리움이 된다." 월간 『좋은 생각』에서 김정운 님이 했던 이 말처럼 그동안 마음에 긁어 새긴 상처로 만든 꽃을 다소 부끄럽지만 세상에 내놓으려고 합니다. 사람의 폐부를 파고드는 그런 글이 아닐지라도 빛나고 깨끗한 세마포를 입은 그 사람들처럼 윤신희 시인의 시도 누군가의 마음을 깨끗하게 씻어 주기를 바라는 마음으로 시를 엮어 시집을 출판하게 되었습니다.

눈동자를 또록또록 굴리며 "두 번째 시집이 언제 나와?" 팬들이 이렇게 물어볼 때마다 기분은 참 좋았습니다. 윤신희 시인의 시를 좋아하는 팬 한 명을 위해서라도 시를 쓸 수 있다는 사실은 언제나 제 마음에 설렘을 줍니다. 용현시장 BYC 속옷가게를 지나갈 때마다 "작가 선생"이라고 불러 주는 팬들이 점점 늘어나고 있음이 아마도 이런 것이 기적이 아닐까 합니다.

언제나 물심양면으로 지지해준 동생들과 제부들, "시를 말할 수 없을 만큼 사랑하고 시인을 좋아한다"는 채후석 선배님과 선후회 식구들 그리고 윤신희 시인의 시를 적극적으로 홍보해주고 지지해준 김동수 선배님과 재경 동산초 선배님들의 아낌없는 응원 진심으로 감사를 드립니다. 힘과 용기를 준 친구 최영진 원장(최영진 신은정 학원), 시인으로 키워주신 거목 윤예주 시인님 그리고 군대 간 사랑하는 울 아들 큰별 서재원, 그 외 책기리 독서모임에서 윤신희 시인의 시를 좋아하는 회원님을 비롯해 저를 아낌없이 좋아하고 사랑과 소망을 넘치도록 부어준 팬들이 있어서 더 감사할 뿐입니다. 이번 시집에 순결하고 진실한 서정으로 모자이크한 "상념의 성찰적 미학(美學)"이라고 푸른 날개를 달아주신 최병영 시인 · 평론가님께서 서평을 감동적으로 해주심도 감사드립니다.

울 엄마 마산떡(마산댁) 허영애 여사님이 올해 칠순이십니다. 사랑하고 또 사랑하는 울 엄마가 늘 건강하시고, 배꽃처럼 환한 웃음만 지으시는 고운 날만 펼쳐졌으면 좋겠습니다. 또한 윤신희 시인을 아는 모든 분들이 봄날처럼 평안으로 꽉 찬 화사한 날만 있으시기를 축복합니다. 『참 별일이시』의 시집을 출간하게 해주신 하나님께 영광의 박수를 보내드립니다. 감사합니다.

2018년 5월

윤신희

제1부

# 용담꽃에게

제2부

# 시월의 멋진 향기를 듬뿍 마시렴

제3부

# 하얗게 일렁이는 꽃 속을

제4부

# 참 별일이시

제5부

## 별이 된 라합처럼

제1부

# 용담꽃에게

# 용담꽃에게

지혜로운
꽃으로 피고 진다 해도
다시는
가슴 시린 멍에를 메지 마라
하늘을 향한 행복한 만남이
푸른 보랏빛으로
선명하게 그려지도록
표현할 수 없을 만큼
힘이 들지라도
울며 씨를 뿌리는 사람처럼
슬플 때 사랑한다는
그런 멍에는 벗어버려라
꽃이니까, 넌 꽃이니까

# 천사의 나팔꽃

천사의 나팔꽃이
부평 성전 행복한 정원에서
너무나도 겸손하게
두 눈을 내리깐 체
어둠을 참 빛으로
조용히 밝히고 있었다.
어쩜 그 숨결이
덧없는 사랑을 숨겨놓은
화려한 유혹이었을까?
향기로 빗질을 하다가
오만한 울타리를 걷어차고 나가는
시니*와 눈이 마주치더니
달콤한 향기를 쉼 없이 뿌려준다.
사랑까지 사르르 녹이면서
향유 옥합을
예수님에게 뿌린
그녀처럼

* 시니 : 필자 필명.

# 별 하나가

별 하나가
인천으로 이사 온 첫날부터
별개 아닌 혼란과 갈등으로
심통이 나서 휘청거리며
비뚤어진 은행나무
가지를 흔들더니

지우개로 지우듯이
지울 수 있는 것은 지우고
쓸어내리지 못할 거라면
그 모든 아픔과 고통을
바람에 날리듯이
날려버리라 하네

갈피를 잡지 못하는
은행나무 삶을 골고루 비춰준
이월의 보름달이
달개비꽃 보다
더 푸른 축복
펑 펑 뿌려준다고

# 패랭이꽃의 소망

저 언덕 너머에서
똑바로 가지 못하고
헤매는 꿈을 꾸었을지라도
꽃이 되고, 빛이 되어
별의 향기를 가진 꽃이기를
그리고 참열매를 맺을 줄 아는
포근한 어깨 두드림 같은
그런 귀한 꽃을 피우게 하소서
삶이
참 사랑으로 꽃잎에 오롯이 박혀
누군가가
"왜 그렇게 살았느냐?"고 묻는다 해도
아름다움만 똑바로 보게 하시고
장미 가시처럼 축복의 믿음이
몸 깊숙이 박히게 하소서

# 프리지어(freesia)와 안개꽃 다발을 받고

통통 튀는 슬픈 눈동자를 가진
선영 씨에게
프리지어와 안개꽃 다발을 받고
꿈의 물결 속으로 가본다.

얼마나 환하게 빛나던지
올무처럼 꽉 움켜쥔
사주팔자에 드리운 저주라는 착각에
스스로 선택할 수 없었다 해도
새까맣게 탄 마음을
왜 그리도 구정 물통에 오래 처박아놓았었던지
이제는
가슴이 오그라들더라도
상큼한 단추를 채워주는 햇살에
기지개를 켜고 똑바로 가리라

횟집에서 활어 회에
고진감래 주로 아픔과 고통을
그냥 스치고 지나가듯이
다 털어버리던 선영 씨처럼

# 복사꽃

복사꽃 이파리가
언제나 변하지 않을 거라며
용마루 훈풍에
감사한 만큼 따뜻하게
나풀거리다가

낡은 이발소 지붕
그리고 민들레 꽃잎에 앉아
강아지 똥과 나에게도
우아하게 웃으라면서
꽃잎으로 축복하네

죽평리 점재*에서
그토록 눈부시게 빛나던 미소가
사방에서 메밀꽃처럼 일렁인다
내면까지
고향으로 꽉 채운 꽃잎으로

* 점재 : 전남 순천시 서면 죽평리 뒷산 고개 이름.

# 삶을 꽃 범벅으로

하얀 목련이 피고
진달래와 개나리가
벚나무가 꽃잎 흩날리듯이
당연한 것은 날려보세
꽃을 활짝 펼친 곳에

눈부시게 화려하고
곱게 물든 나뭇잎도
꽉 움켜쥐지 않고
날릴 것은 날려보세
바람에 날리듯이

내가 손해를 보면 어때
뭇별을 셀 수는 없어도
인생이 뭐 별것인가
축복을 넘치게 쌓아보세
목련화처럼 웃으면서

삭막한 마음을 녹이려면
따뜻함이 베인 포근한 사랑
그 한 숟갈이면 될 것이네
만들어보세, 만들어보세
삶을 꽃 범벅으로

# 부러진 개나리

꽃샘추위로
가지가 부러지고 나서야
살포시 드러낸 꽃잎이
아지랑이 피는 언덕에서
푸르른 향기 팡팡 날리던 그날도
남산에서 들려온
쑥국새 울음의 숨겨진 아픔이었고
하얗게 질린 꽃망울을 향한
애정 어린 관심이었다는 것을
먼동이 트고서야 알았다.
부옇게 빛살이 반짝거림에도
알콩달콩 토닥거리며 살라는
이슬이 전해준 소망까지도

# 용정 근린공원에서

내가 엮어가는 길이
행복 반 불행 반일지라도
노오란 속살을
보려 한 것처럼
한때의 철없던 시절을
봄바람에
한 장씩 넘기고 있는
금계국꽃을 보았다.
낯간지럽게
예쁜 공기 흠뻑 마시고
한들거리다가
멈칫, 그 자리에서
서로 볼 일이 없다 해도
가슴만은 따뜻해야 한다고
봄바람이 또 펄럭인다.
뜨겁게 오래된 기억을
풀 줄도 모른다더니

# 일월이 훌쩍 가버린 어느 날

사방에 눈이 수북이 쌓였다
윤슬처럼 반짝거리는
이 길을
사뿐사뿐 걸어본다
하나님이 주신 이 세상이
어찌 그리도 아름다운지요
살다 보면
울 때도 웃을 때도 있는 것을
울지도 않고
웃지도 않고
빨리빨리 급하게 걸어야
그래야
목적지에 도착하는 줄 알았던
철없던 그 발자국까지도
하여
찬란한 슬픔의 봄이 오면
풀잎 하나하나
꽃잎 한 송이 한 송이에
애정과 사랑을 심어주리라
뜨거운 입맞춤으로

# 다행이다

봄비가 사알짝 뿌리고 간
마음의 돌담에
고운 싹이 기지개를 켠다.
다행이다
내일을
행복하게 살아갈 수 있어서
물을 주고
시를 쓰고
시집을 엮고
하,
기도할게요
삭개오(Zacchaeus)*처럼 예수님을 만난 것이
더 큰 복임을 안 것 같이
마음에
다시는 아픈 멍울이 생기지 않기를
매화꽃처럼
설렘으로 고운 향기만 채우기를

* 삭개오(Zacchaeus) : 맑고 깨끗한 자 란 뜻.

# 봄, 찬란한 시간을

이맘때다
복수초가
혹독한 겨울의 장막을 뚫고
하품을 하던
광양 어느 산장에서
고로쇠 한 말을 마시고
하,
7년 만에 다시 더듬어본다
봄, 찬란한 시간을
이제는
쓰잘데기 없이 놓치지 않으리
버들강아지를 스치고 지나간
봄바람이 손짓하면
별처럼
반짝이는 말에도 언제나 웃으리라
마음에 심어둔 포도나무가
영원히 행복하도록

## 왕 벚꽃 꽃망울이

왕 벚꽃을 보려고
월미공원에 갔더니
왕 벚꽃은 없고
애기 단풍나무 새싹이
풀 내음을 주는 언덕에서
진달래꽃만 방긋한다.
왕 벚꽃 꽃망울이
남쪽에 핀 화사한 꽃들의
예쁜 얼굴만 떠올리는
나에게 속삭인다.
괜찮아
꽃을 피운다는 것은
힘들고 어려운 길이지만
참 빛의 빛줄기를 찾듯이
그 길을 걷다 걷다 보면
누군가에게
소중한 빛이 되는 꽃을
만들 수 있거든

# 꽃사과나무

고단하고 힘든 삶을
보듬어 주고
꽉 껴안아 줄 만큼
사랑스럽고 마음이 넓은
꽃사과나무가 되고 싶다.
때로는
꼬맹이 사과라 놀리고
산사나무 열매로 불리어도
흡족한 미소를 지으면서
붉게 물든 수줍은 볼로
신선하게 웃어주고
호탕하고 너그러운 마음으로
별처럼 나를 좋아하는
그를 위하여 기도하리라.
기쁨으로 가득한 생각의 틀이
샘물처럼 찰랑찰랑하기를

# 용마루에 살던 까치가

정월 초하루부터
오천 세대의 아파트 사이
미루나무에
소중한 보금자리를
꼭대기에 매달아 놓고

솔솔 부는 바람에
맑디맑은 하늘 들여다보며
꿀 같은 햇살로 마사지도 하고
기뻐할 것은 놓치지 않으면서
신나는 하루를 채운단다.

아하,
참 좋은 삶이다.
천년만년 살 것도 아닌데
피어 올린 삶의 꽃이
믿음처럼
아름다우면 되니까

# 참 오동꽃

아프고 아파했던
삶의 조각들을 벗어 버리고
무릉도원에 가고 싶다
아무 걱정 없이 그렇게
연보랏빛 꽃송이에 향기도 넣어
명지바람에 얼굴도 씻어보고
푸르름이 넘치는 곳
어디에서나 수피아랑 손잡고
풀 더미 속에서
윤슬을 마음껏 보아도
그곳이라면
내 모든 것을 감싸줄 테니

제2부

# 시월의 멋진 향기를 듬뿍 마시렴

# 시월의 멋진 향기를 듬뿍 마시렴

출발이 늦은 예쁜 꽃을
주렁주렁 만들어 놓고
새까만 눈동자를 반짝이는
까마중꽃을
안타까움으로 한창 봤더니

유년시절 외할머니네
초가집 풍경을 보여 준다.
측간에서 흘린 거름을 마시고
튼실하게 자란 꽃과 열매가
방실방실 거리는 것도

까마중아,
고추바람이 찾아오기 전에
시월의 멋진 향기를 듬뿍 마시렴
꿈꿔왔던 아름다운 모습으로
원하는 꿈이 펼쳐지도록

# 해바라기의 꿈

살다가 힘이 들면
그렇게도 힘이 들면요
소중한 별빛 같은 꿈에
은총의 빛줄기가 흐르도록
소중한 당신의 열정을
푸른 가슴에 품고

맑은 가난이 자랑스럽진 않아도
세월이 덧없이 흘러가지 않도록
그렇게 늘솔길*을 걸으며
싱그러운 바람처럼
상큼한 구름처럼
찬란하게 기다리면서

그러다 보면
애틋한 사랑을 품은 꽃을
곰실곰실 피워내겠지요
사랑을 받는 꽃이 아니라
세상에서 가장 아름다운
사랑을 주는 참 꽃을

*늘솔길 : 언제나 솔바람이 부는 길.

# 담쟁이와 나팔꽃

하나님의 은혜 안에서
푸른 꿈을
푸르게 꾼 담쟁이와
사랑스런 꽃을
곱게 빚은 나팔꽃은

아주 조금일지라도
내가 가진 것을 내어주고
별다른 말없이 포용하면
조화를 이룬다는 것을
햇살이
들려주기 전에는 몰랐다네

내게 있는 포근함까지
조금일지라도 내어 준다면
하늘에 보물을 쌓은 것처럼
그게 사랑이고 평안인 것을
바람이
알려주기 전에는 몰랐다네

# 깊어가는 가을에

오롯한 길만 가려고
가풀막 길에서
그토록 헤매이다가

깊어가는 가을에
아무것도 해 놓은 게 없어서
바스라 저간 내 마음을 흔들던
맑은 눈빛을 가진 국화가
대지에 융단을 깔아놓고
아름다운 물결을 이루며
환한 빛으로 다가왔다.

누구나 갖고 싶어 했고
더 가지고 싶다고
더 가질 수도 없는
내가 그토록 원하고 원했던
찰랑찰랑한 향기를
기도하는 마음으로
조건 없이 놓고 가려고

# 세월이 거꾸로 걸어갔으면

내 입으로 뜯어낸
손톱만 한 달이
하늘에 둥둥 매달렸다.
아까 낮까지만 해도
젊음의 혈기로 이글거리던
강아지풀이
고개를 들고 그달을 쳐다본다.
아장아장 걷는
걸음마 연습하는 아이가 되더라도
세월이 거꾸로 걸어갔으면
생각하다가
월미도에도 불어온
상큼한 바닷바람에
헛기침을 하더니 멋쩍은지
자꾸만 새물거린다.
토실토실 알맞게 익었을 때
꽃처럼 좋은 시절이
이대로
멈추기라도 했으면 하다가

# 그녀는 알았을까

아련한 눈빛으로
눈물을 흘리지 않고
울 동네 점재*처럼
호젓한 오솔길에서
웃을 수 있다는 것을

음악처럼 흐르는 행복을
노루가 귀를 세우듯이
날로 주워 먹는다 해도
뒤집어쓴 슬픈 추억이
벗어질 수 없다는 것도

그녀는 알았을까
꼬옥 안아야 한다는 것을
뽀송뽀송한 소망의
소중한 축복이 깃든
지금이라는 일상까지

* 점재 : 전남 순천시 서면 죽평리 뒷산 고개 이름.

# 가을로 가는 길목에

십자가를 지듯이
공사장 담벼락에서
명아주랑 공생하던
말할 수 없이 깜찍하고 예쁜
둥근 잎 유홍초의 주홍빛이
발길을 멈추게 한다.

거듭나야 볼 수 있다는
하나님의 귀한 은혜를
바람막이로 사용하며
볼수록 매력적인
금빛 축복을
쭈~우욱 늘리다가

가을로 가는 길목에서
아득한 향기를 품고
참으로 맑은 소리로
사람은 평생 일하면서
살아야 행복한 거란다.
누구나 알듯이

# 아스타꽃을

반짝이는 은빛 물결과
새벽이슬의 싱그러움
꿀처럼 달콤한 사랑을
마음껏 담아도
깨지거나 흘리지 않을

어설프게 젊어진 삶이
그저 단아하고 소박해도
내면을 드러내 놓고도
믿음직한 추억이
서로에게 힘이 되는

언제 어디서나
아무렇지 않게 바라만 보아도
매력적인 환한 웃음이 있는
아스타꽃을
내 마음에 피워봤으면

# 카멜레온꽃

앙증맞은 예쁜 꽃으로
한 송이 한 송이
눈물 흘리며
힘들게 핀 꽃이어도
때가 되면 지는 것을

잠시 잠깐의 만남일지라도
맞다
맞아, 맞장구를 칠만큼
누군가에게
따뜻함으로 남아
참한 미소로
설렘을 주는 꽃이 되고 싶다.

하여
시시때때로 꿈을 가꾸리라
누군가가
미소를 훅하고 불어넣으면
꿈을 주는 예쁜 꽃이 되어야 하니까

# 단풍잎처럼

아기의 미소보다 예쁜
꼭 우리 엄마 웃음 같은
산봉우리의 꼭대기 단풍이
이른 아침에 배달되었다

내 인생이
꼭 이렇게만 물들어 주었으면
내가 하고 싶은 것을
움켜쥐고 놓지 못한다 해도

단풍잎처럼
곱디고운 미소는 갖고 싶다
다만
상처와 눈물을 닦아 주는
파아란 하늘 같은

# 참외꽃

푸새 밭에서
외따로 떨어져
생뚱맞은 사고를 친
참외꽃이
돌 틈에서 넌출지게 자라
남몰래 꽃봉오리를 빚어놓았구나
쥐뿔도 모른다고
사방에서
고시랑 거리는데도
모두 잠든 새벽
외로이 산고를 겪어
알뜰하고 다부진
노오란꽃을
가슴골에 아픔으로 감추어 놓고
오늘보다
내일 불어올 동풍에
잠도 이루지도 못하더니

# 대상화

그럼, 그럼
시들어가는 사랑이면 어떠랴
가슴 설레게 하는
가을을 밝힌 예쁜 꽃이거늘
험한 길 가다가도
누구나 곱다고 손짓하는
아름다운 꽃인데
별처럼 환하게 빛이 난다는 것도
너른 벌판이
이렇게 포근하다는 것도
모두 이곳에서 보았네
황금 들녘을 꿈꾸던
엄마의 간절한 소망이 담긴
따뜻한 사랑까지도

# 도라지꽃

몇 날 며칠
메르스*로 세상은 시끌벅적했고
용현시장에
손님들 발자국 소리가 줄어든
그날이었다.

선한 목자이신 예수님의
참 빛 같은
영원한 사랑이 저절로
들어오는 줄 알았다.
청보라 빛 도라지꽃 화분을
묵묵히 끌어안고
들어오신 손님 때문에

아침 햇살 같은 소중함이
가녀린 꽃잎과 꽃망울에서
송골송골 흘러나온다.
돌연히 떠오르는
소나기의 소년 소녀처럼
때 묻지 않은
순수함 그 자체로

* 메르스 : '중동호흡기증후군'의 약칭이다.

# 점박이 큰잎쓴풀은

쓰디쓴 삶을
서글픈 현실을
뼈아픔의 고통을
다 끌어안고도
열정으로 빚은 위대한 꽃을
한 편의 대서사시로
눈앞에 펼쳐놓았구나
신성한 불꽃을 품은
다윗처럼

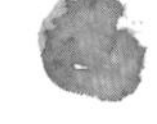

# 파란색 나팔꽃

내 마음은 온통
파랗다
보랏빛이다
푸르게 출렁거린다

스러져
덧없는 삶이 될지라도
도시의 시멘트 담장에서
하늘과 바다를 품어보리라

그래 그렇게 시작하는 거야
그래야 하니까
난
꼭 그래야 하니까

# 이 가을에는

그래 그거야
갈매기가 되어 날으는
꿈을 꾸어보는 거야
좋다 좋다 하면 좋아진 것처럼
된다, 된다 하면 다 되거든

무지개가 걸린 월미산에서
월미도 바닷가도 내다보고
왕벚나무 숲길도 걸어야지
그리고
상큼함에 독서를 하는 거야

좋아, 그거였어
지난 삶을 다 용서하진 못해도
행복하게
지혜롭게 사는 거야
내가 꿈꾸는 대로

# 내가 가야 할 길

주거환경개선으로
주인이 이사를 가고
땅에 박힌 뿌리 뽑지 못해
어찌할 수 없다던 핑계로
버려진 목련 나무가
진실한 꽃을 피우려
몸부림치는 그곳에서
소중한 벗을 만난 것처럼
젖가슴 같은 꽃 몽우리에
지혜의 불빛을 담아
활짝 핀 꽃이 아름답기를
간절히 바라는 발걸음이
가는 길이
내가 가야 할 길이다.
봄바람 부는 날
어떤 길로 가야 할지
내가 나에게 건네는
말이 없을지라도

# 솟대에 앉은 까치

솟대에 앉은 까치가
스멀스멀 피어오르는 추억을
꿈처럼 되살려
마음 숲에 솔잎을 깔고
토끼풀에 행운을 수놓다가

"이모! 여기 꽃 봐봐요, 이쁘지요."
푸른 꽃대에
하얗게 올려진 꽃송이 애만지는
어린아이의
때 묻지 않는 눈망울을 보고

행운이
뜻대로 찾아오지 않아
콩팔칠팔하는 이를 위하여
빗장에 가둬둔 거친 말(語)은
푸른 바람에 날려버리란다

이제부터
솟대에 앉지 않고도
평온한 노래로 아침을 열면
마음먹은 만큼 가질 수 있으니까
깊은 바다 같은 행복은

제3부

# 하얗게 일렁이는 꽃 속을

# 하얗게 일렁이는 꽃 속을

발길 닿는 곳마다
너스레를 떨며
마음의 매무새를 다듬어
하얗게 일렁이는 꽃 속을 들여다보던
신영이와 울 엄마 그리고 제부처럼

고창 학원농장 메밀꽃이
햇살과 바람의 언어로
또랑또랑하게 써 내려간
인연이라는 대서사시를
팝콘처럼 소쿠리 채 쏟아놓아서
그 시를 한창 읽었다.

한 번도 만날 일 없을 것 같은
소중한 인연의 그 끝을 떠올리며
해바라기 꽃이
여리꾼처럼 소맷자락을
확 잡아당기기 전까지는

# 바나산* 정상에서

기네스북에 오른
케이블카를 타고
밀림과 폭포수를 지나
해무 같은 안개가
펼쳐졌다가 걷어지고
드러난 바나 산 정상

토성 같은 띠를 두른
선명한 코발트 녹색 하늘과
푸른 바다와 뭉게구름이
기이한 빛으로
아름다운 보석처럼
꽃잎을 수없이 흩날린다.

어쩜 좋아!
구름을 타고 나는 것 같은
빛나는 존재를 보고
순간
내 마음이 꽃송이처럼
벙글어지고 말았으니

* 바나산 : 베트남 중부에 있음.

# 아, 이런 것이었을까?

가풀막 같은 자드락길*을 따라
새벽에 찾아간 세량지*
울창한 숲과 저수지를 뒤덮은
웅장한 운무가
애틋하고도 아련한
나의 사연을 지청구*하지 않고
품어 버릴 것만 같다.
아, 이런 것이었을까?
신록의 반영이
한 폭의 수채화를 연상시키는
봉울 봉울 피어나는 꽃처럼
구부러진 길(인생)을 걸어봐야
아름다운 것을 품을 수 있다고

* 자드락길 : 나지막한 산기슭에 경사지게 있는 좁은 길.
* 세량지 : 전남 화순군 화순읍 세량리 소재.
* 지청구 : 까닭 없이 남을 탓하고 원망함.

# 다낭* 해변에서

플루메리*아의
달콤한 향이
까치놀을 남기는
푸르고 싱그러운 바다가
손짜*의 풍경으로
글을 쓰는 것을 보고

별처럼
반짝이는 해변에서
모닝 글로리의
싱그러운 풀 향을 맡다가
부서지는 파도가
글을 쓰는 것도 보고

아무렇게나 남겨온 흔적은
덤불에 가리고 덮어두자고
고운 모래사장에 새겨본다
내게 주어진 하루
꼭 그 하루만
행복하면 되니까

* 다낭 : 베트남 대도시의 하나로 중부 저지대의 주요 항구
* 플루메리 : 쌍떡잎식물 용담목 협죽도과 플루메리아속 식물의 총칭.
* 손짜 : 다낭 긴 해변 어디서나 보이는 손짜반도.

# 투본 강에서

투본 강에서
바구니 배*를 타고
"영차, 영차" 했더니
내 목소리가
바나나의 푸른 잎 소용돌이에
빠졌다가 나온다.

"강 수심이 얼마나 깊어요?"
노의 2배라 손짓하기에
사공에게 노를 저어본다고 했더니
강바람이
워터 코코넛 숲에서 치솟아
달달함을 주고 또 준다.

저쪽에서는
디스코 팡팡에서처럼 쇼를 하는데
어깨와 엉덩이를 흔들게 된다.
야자수 잎으로 만든 여치랑
모자를 선물로 받았단다.
조카들은 예쁘니까

논 모자를 쓰고
꿈의 노를 저으면서도
해맑게 웃으시는 울 엄마 모습이
꽃게잡이 어부 같기도 하고
순결하고 성정이 맑은
마리아 같기도 하다

*바구니 배 : 베트남 호이안, 동호이 지역 전통 배.

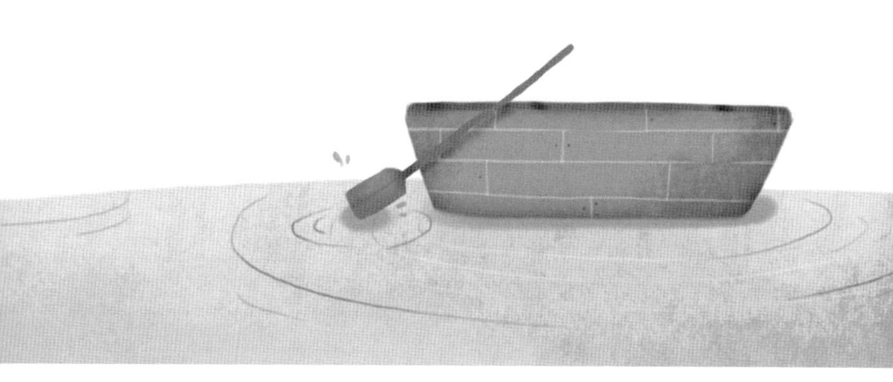

# 오이도 밤바다

빨간 등대가
곱게 뿌리내린 추억도
만나고 싶은 사람도
보고 싶은 그 사람도
손안에
안길 것만 같은 밤이다.

황새 바윗길에서
윤동주 그는
다시 태어난다 해도
말없이 시를 쓰다가
별을 보고 또 시를 쓰다가
신선한 소나무 숲을 떠올리며
해변에 앉아서 그렇게 쓴 시를
사랑의 나무에 걸겠지

별 헤는 밤을 대뇌이다가
유난히 반짝이는 별 하나와
송도의 찬란한 푸른빛을
뚫어져라 보고 또 본다.
속눈썹 같은 초승달이
거대한 물결을 보듯이

# 눈물까지 다 씻겨 줄 것처럼

햇덩이가
대지를 뜨겁게 적시던 날
천불천탑의 신비를 간직한
화순 운주사에 갔다.

와불이
나의 겉울음을
향긋한 꽃내음으로 바꾸어 놓고
소나무가 병풍처럼 드리워진 곳에
머쓱한 듯 누워서
가슴에 담아 놓은 신비한 마음이
별스러워 맞춰주기 어렵다더니
바람에 흔들리듯이
풍경 소리
무단히 흔들어댄다

쓴 뿌리로
바보같이 아파했던
나의
눈물까지 다 씻겨 줄 것처럼

# 빨간 우체통*에서

중학생이 삼십 개의
징검다리를 뛰어넘어
빨간 우체통에서
술 한 잔 기울이며
흔들리지 않을 우정의
탑을 한층 더 올렸다.

청평의 싱그러움과
햇살을 듬뿍 들이키던
버찌까지도
좋고 나쁨을 알아버린
중년이 된 우리들에게
걷고 싶은 길만 가란다.
꽃처럼 활짝 웃으면서

눈부시게 푸르른 날
꽃처럼 아름답게 살려던
친구들의 짙은 농담을
빨간 우체통은
앞으로 얼마나 더 많이
신명나게 전해줄까?

* 빨간 우체통 : 청평역에서 5분 거리에 있는 펜션.

# 소쇄원*에서

깨끗하고 시원한
조선 중기 정원을 둘러보고
한 번도 상처받지 않은 것처럼
광풍각에 앉아서 쉬는데
새로움으로 빛을 내는 푸르름이
애달파하고
발 동동 구르면서 살지 말란다
정말로, 정말로 애썼다고
언어의 온도를 높이는
또랑또랑한 목소리를
푸르고도 상큼하게 빚어
내 삶에
고르게 발라주면서

* 소쇄원 : 전라남도 담양군 남면 지곡리에 소재한, 한국의 민간 정원 중에서 최고라는 칭송을 받는 소쇄원은 500년 가까운 세월이 흘러간 오늘까지도 많은 이들로부터 사랑을 받고 있다.

## 장단콩 체험마을에서

콩이다
황금 같은
순두부와 된장 그리고 콩비지의
그 콩이
순수하도록 맑음이 거울처럼 늘어선
기와집을 벗 삼아
장독대가 즐빗이 놓여 있는
그곳에서
통일촌에 태극기가 펄럭인 것처럼
아름다운 꿈을 꾸고서야
한 상에 빙 둘러앉아
도란도란 이야기를 나누는 동안
선후회가 연주한 언어들이
사람 사는 강렬한 향기를 품고
뜻밖의 멋진 이들에게 골고루 뿌려준다.
뚝배기에서 구수하게 끓고 있는
찌개 속의 콩처럼
뜨겁고도 시원하다.

# 죽녹원*에서

팽팽하게 잘 뻗은
내 종아리만큼이나 튼실한
죽녹원의 대나무가
따뜻하고 듬직한 하나님처럼
좋다. 무조건 좋다.
사방에 핀 싱그러운 풀의 꽃과
아무것도 준 것이 없어도
나를 생각해주는 친구
내 시를 좋아하는 사람들
그리고 내가 죽평리에서
태어난 것처럼
좋다. 그냥 좋다
빗발처럼 사각거리며
코끝으로 부는
대나무의 상큼한 향이

* 죽녹원 : 전라남도 담양군 담양읍 향교리에 있는 대나무 정원.

# 서도역*에서

병풍처럼 두른 벽 사이로
쪽빛 하늘을 보듬은
흰 구름이
백련(白蓮)을 휘감고
소용돌이처럼
뭉게뭉게 피어오른다.

청호 저수지에서
찰랑거리며 치솟아 오른
상큼한 바람이
목 백일홍 꽃을 보며
잊혀져간 혼불의 사람들을
끌어올릴 것처럼

강모*의 가슴을 설레게 하면서
우렁우렁, 흔들리게 했던
그 열차의 기적 소리가 들리면
나는, 나는, 나는
그 기차를 타고 가리라
가고 싶은 그곳으로

* 서도역 : 전북 남원시 사매면 서도리에 있는 간이역.
* 강모 : 대하소설 『혼불』 속의 남자 주인공.

# 광한루원에서

표를 끊고
청허부*를 통과하여
천상의 세계로 발을 디딘 순간
춘향이와 몽룡이가
한 번도 상처받지 않은 것처럼
환한 미소로 손을 잡아준다.

요천강을 벌컥벌컥 마시던
잉어가
마치 어린양처럼 뛰어놀다가
담 결리는 것 마냥
지리산 천 갈래의
계곡물이 모여 강이 된
오작교를 건너는 나를 본다.

한없이 뜨겁고 순수했던
그 사랑은 보이지 않고
빗질하듯이 바람에 휘날리는
버드나무 이파리만 찰랑거린다.
퍼슬퍼슬한 애달픈 빛깔을
상큼한 초록으로 바꾸라고

* 청허부 : 광한루원의 정문으로 월궁의 출입문을 상징한다.

# 지리산 구룡폭포

파아란 하늘을 배경으로
울창한 숲에서 부는 바람이
급류에 휩쓸리면서도
솟구쳐 오르는 저 물소리로
포근함을 원 없이 나누던
지리산 구룡폭포

시련과 상처를 끌어안고서도
꽃다운 울 엄마가
순탄하게 살았다고 한 것처럼
카리스마 넘치는 폭포의
용솟음치는 기운이 뻗는다.
서두르지 않는 줄기처럼

몽굴몽굴 피어난 물방울에
발을 담가놓고 있었더니
물보라가 현란하게 반짝이다가
뼈마디에 박혀있던 근심 덩어리를
호탕하게 줄줄이 흘려버린다.
쫓아오는 걱정까지도 덤으로

# 보령 대천 해변에서

에어쇼를 보러 왔다가
에어쇼는 못 보고
조카들이 튜브로 파도타기 하면서
물놀이하는 것을 보았다.
우후~
소금물을 흠뻑 들이킨 체
아득한 곳에서 나를 기다리며
물놀이하는 또 다른 나를 보았고
머드축제를 즐기던
사람들의 웃음 속에서
청춘의 나뭇잎도 주웠고
대학생들이 즐기던 게임을
들여다보다가
모래알에서만 나오는
금빛 미소를 머금었다
그네들 모습이
꽃잎처럼 하도 예뻐서

# 한강, 그 풍경을 마시다

비무장지대(DMZ)를
빙 둘러보고서
관광버스를 타고 내려오다가
차창 밖으로 펼쳐진
한강, 그 풍경을 마시다가
그녀가 꾸었던 그 꿈을
한강에서 보았다.
쓰라린 가슴으로 꼭 안아주면서
반딧불처럼 반짝이는 것과
아름다운 그 꿈들이
탱글탱글할 수 있도록
은빛 갈대가
호탕하고 너그럽게
다듬고 있는 것을

# 임진각, 내일의 기적 소리

임진각, 내일의 기적 소리가
옷자락을 끌어당기는 것 같아
나도 모르게 친구들과 함께
증기기관차 앞에 섰더니

통일의 염원이 담긴 송악산
도라산역으로 가는 철로
그리고
개성공단으로 가는 도로가
나를 쳐다보고 있었다.

그들의 처절한 아픔을
지금껏 끌어안고 몸서리치며
쓰라린 가슴으로 절규하는 소리가
아슴하게 들린다, 들려온다.

민통선 탐방로에 발을 디딘 순간
자유의 다리에서 총탄을 맞고
아물지 않은 상처로 울부짖는
내일의 기적 소리까지도

# 천등산 박달재 공원에서

사랑하고 만나고
이별하고 못 잊어
그리워하다가
박달이 금봉이의 허상을 잡고
벼랑으로 떨어지는
하,
가슴 터지도록 이 아픈 사랑
청운의 꿈이 사그라져
애틋한 사랑의 징표로
연붉은빛 진달래꽃이
아름답게 핀다는 이곳에서
소설을 다시 쓰고 싶다.
행복을 둘러메고
뜻대로 살 수 없다 해도
넘어진 그 자리에
사랑을 심고, 가꾸고, 다듬어
그 사랑이 빛나도록

# 거금도에서

고흥반도의 끝
거금도에 들렀다가
푸르게 넘실거리는
남해의 보물이
울 엄마처럼
깊고도 풍부한 마음으로
품어 주는 것을 보았다.
소롯길을 걷는 나에게
삶의 활력을 주던
고결하고 진솔한 바다가
새로움을 보듯이
휘파람 불어 대면서 속삭인 것도
향긋한 솔바람의 입맞춤으로
바라는 것보다
주는 것을 좋아하는
그런 사람이 되라고

# 호명호수

호명호수 가는 길에서
예쁜 몸짓으로 춤을 추던 숲이
우리에게 웃음을 주었다.
은색 페인트를 칠한
하얀 나비가 되어서

그렇게 걷다 걷다 보니
한껏 멋을 부린 호명호수가
장미의 몸짓으로 반겨준다.
수줍은 새색시처럼
다소곳하게 앉아서

행복했다고 정말 행복했다고
새들이 숨 쉬는 호흡에
찬란한 별빛까지 뿌려준다.
햇살 같은 금가루가 뿌려진
이곳이 천국이라고

# 혼불 문학관에서

남원 가는 길에 들렀던
혼불 문학관
그곳은 싱그러움으로 푸르렀다.
"나는 원고를 쓸 때면 손가락으로
바위를 뚫어 글씨를 새기는 것만 같다."
글 쓰는 것이
그렇게도 어렵다더니
그녀는 순수한 모국어와
전라도 사투리를 맛깔나게도 써 놓고
그리도 서둘러서 간 것을 보면
예수님이
골고다 언덕을 걸어갈 때 혼자였다는 것도
그녀는 다 알고 있었을까?
부러
사람의 폐부를 찌르는 글을 쓴다고
빛나고 깨끗한 백지만 쳐다본다.
손가락으로 바위를 뚫을 생각을
한 번도
새겨 본 적도 없는 내가

# 수락 폭포

방아깨비 걸음처럼
느림이 있고
서두르는 것이 없는 다소곳한
수락 폭포가
구례의 어느 산속에서
삶이 버거워 힘든 것 같아 보이는
나를 위하여
초록의 싱그러움으로
군말 없이
잔잔하게 다듬어주더니
햇살처럼 품어준다.
뒤엉킨 마음에도
행복을 펌프질하면서

# 흔들리는 가을

흔들리는 가을을
하동 북천에서 보았다.

알프스에 수놓아진
꽃물결이 아름다워서
그들을 몽땅 껴안고
가을을 삼킨 기차가
꽃잎을
되새김질하는 것과

생각지도 못했는데
소중한 빛이 되려고
갈바람을 마신 꽃잎으로
내가 젊어진 아픔까지도
살살이 꽃이
끌어 안아 주는 것을

# 승월대 절벽에 걸린 보름달처럼

사랑의 광장 야외무대에서
박수를 치고 손을 흔들면서
고개를 끄떡, 끄떡거리며
한여름 밤 소리 여행을 하다가
노루*가 온다 해도
요천강의 맑은 물을 끌어다 만든
호수 둘레를 사뿐사뿐 걸었다.

문화의 도시 남원은
추어탕과 찹쌀탕수육 그리고
생크림 소보루빵을 먹은 것만큼이나
깊고 풍부하고 향기롭다.

요천 너머
승월대 절벽에 걸린
보름달처럼
속이 꽉 찬 사람이 되어
아찔한 나의 아픔까지도
스름스름 녹여봐야겠다.
오늘 밤에는 반드시

* 노루(NORU) : 태풍 이름(2017년).

# 어쩌면 좋아요

어쩌면 좋아요
원추리가 틔운 연초록 이파리에
보석 같은 빗방울이
궁남지* 수양버들의 곡조에
이따금 나를 짓누르던 삶의 무게를
가볍게 떨어뜨리며
칸으로 나뉘어 놓고 기쁨을 주고 있네요.
무왕과 선화공주가 나눈 사랑 이야기를
복사꽃이 백제의 숨결로 속삭이며
삶에 생각을 입혀주더니
연꽃이 없으면 어때요. 그냥 오늘은
빗방울이 뚝뚝 떨어지는 오늘은
배꽃처럼 환하게 웃어보라 하네요.

* 궁남지 : 충남 부여군 부여읍 동남리에 있는 백제의 별궁 연못.

# 도라산역에서

한 번도 만난 적 없는
당신들의 소중한 발자국을 따라
도라 전망대 망원경을 뚫고
태극기가
개성 공단을 흔들면
평양, 금강산, 중국으로 가는
기차표로 갈 수 있겠지요.
여권 검사 출국장까지 만들어 놓고
철마, 그 녹슬어가는 철마가
하루에도 몇 번씩
지구상 마지막 남은
냉정의 현장을 뚫고
기적 소리 울리고 싶어
그곳으로 가야 한다고
방싯방싯 거려도
못 간다 했는데, 글쎄

제4부

# 참 별일이시

# 참 별일이시

참 별일이시
가슴 뛰는 삶을 살면서

꽃이 보이고
파아란 하늘이 보이고
아름다운 마음이 보인다는
때죽나무 꽃의 속삭임처럼
총총히 박힌 별에게
사랑스럽게 속삭였네

모내기 한 논에 모가
튼실하게 뿌리를 내리면
은혜의 사닥다리를 타고
웅숭그린 영혼을 씻어
지혜의 보배로
내 삶도 물들이겠다고

하,
참 별일이시
가슴 뛰는 삶이 이다지도 좋을까?

# 주름잎꽃*

싱그러움이
사방에서
상큼한 향기를 날리는
오월 초하루에
사랑도 모르는
내가
덫에 걸리고 말았다
내가
너희를 사랑한 것 같이
너희도 서로 사랑하라는
신에게 받은 사랑을
믿지 못할지라도
그냥 믿어야 하는
나를 보고
주름잎꽃이 활짝 웃는다
신께 받은
끈질긴 생명력과
들여다볼수록 매력 있는
신의 사랑이
너 안에 없겠냐고

* 주름잎꽃 꽃말 : 나는 너를 잊지 않는다.

# 덩굴장미와 찔레꽃

덩굴장미가
뒤엉킨 세월에서
내가 끌어안고 있었던
곪은 상처에
태평양보다 더 큰
온유함을 주더니

울 엄마 미소 같던
인자한 찔레꽃이
내 인생의 난제까지도
송두리째
꼬옥
끌어안아 버리는구나

어쩜 이리도
선이 매혹적이고
달콤하고 또렷하단 말인가?
온유하고 인자한 미소가
영원하도록 나에게도
조금만 내어주렴

# 환하게 하려고

환하게 하려고
숨통이 막히도록 답답한 가슴에
투명한 햇살을 퍼 담고
세상을 풍요로 채웠던 거야
슬픔과 고통이 올 때마다
새로운 것을 찾으려고
무던히도 애를 썼던
하여
사람이 만드는 사랑보다
대지를 촉촉이 적셔주는
싱그러움이
빛으로 오래 머물게 하지
다육이 식물 화월이 그랬고
한반도의 십자가를 짊어지고 간
위대한 신앙인들의 삶을
들여다볼 때도 그랬으니까

# 산다는 것은

산다는 것은
한 줌 햇살에도
싹을 틔워
예쁜 꽃을 피우고
열매를 맺어
거룩하고 아름다워지는 것
가장 자연스럽고 평범한 것을
뱀딸기는 아무렇지도 않게 해냈다
불평 한마디 없이
동그란 것을 만들어 놓고
활짝 웃는 것까지도

# 당아욱꽃

발자취를 더듬거려보니
화사한 꽃이기를 꿈꾸며
걸음마도 제대로 익히지 못한 체
뜀박질만 했던
내 자신이 주마등처럼 흘러간다.

꽃을
어떻게 피우는 줄도 모르면서
아무것도 모르면서
그러면서도
부족한 꽃을 화사한 꽃이라 우기던
철없이 흘린 그 눈물이
멍이든 가슴에
또르르 굴러다니다가
온화하게 빚어지고 나서야

복을 나누고 또 나누는 것처럼
환한 빛이 되는 삶을
의리가 별처럼 빛나도록
화사하게 엮어본다.
부초 같은 덧없는 삶일지라도

# 박쥐나무의 소소한 생각

낭떠러지가 코앞일지라도
낙심하거나 주저앉지 않고
누가 볼 수 없다 하여도
하나밖에 없는 귀한 꽃으로
사랑과 희망의 무늬를 새겨
꽃을 정성껏 다듬으리라

또랑또랑한 향기를 품어
갖고 싶은 것을 다 가진 것처럼
때론, 소소한 생각이
달달한 위로와 격려
그리고 기쁨을
샘물처럼 넘치게 하거든

지팡이 이외에는
아무것도 가지지 말라던
이런저런 이야기도
주저리주저리 매달아 놓고
인운(人運)이 없다 해도
내 삶이 윤택해지도록

# 그 빈자리마다

숲에서 길을 헤매다가
겨우 참 빛을 찾은 것처럼
달빛 한 조각에도
움켜쥐고 놓지 못했던
미움으로 포장된 오만을
고운 빛에 씻어본다.
빛깔 좋은 참 앵두의
노래하는 예쁜 모습처럼
달콤하고도 향긋한 향과
고운 것만 채우고 싶다.
저 밑바닥
아픔으로 얼룩진
좁쌀알만 한 작디작은
그 빈자리마다

# 작약꽃

또박또박 다가온 소리에
축복 문을 활짝 열었더니
기적이
함박웃음으로 찾아왔다.
생생하도록 선명하게

친구들과 나눈 수다처럼
마주 보고 웃으면서 살자고
여러 번의 좌절을 겪은 나의
따뜻한 비밀을 알아버린
달빛이 푸르게 일렁인다.

예쁜 추억이 곱게 물든 날
꽃을 뚫어지게 쳐다봤더니
"네가 작약꽃을 닮았구나!"
그 사람이 그리했던 모습도
바람처럼 스쳐 지나간다.

# 불두화 같은

아버지의 넉넉한 마음과
선하고 의로운 예수님의 사랑
그리고
울 엄마
손가락 마디마디에 박힌 옹이처럼
반짝이는 인자한 미소를 가지려면
또
얼마나 많은 수양을 해야 하나요?
엉클어진 모든 짐을 내려놓고
불두화 같은
사랑의 온기를
내면까지 채운
순수한 자비의 꽃이 되려면
또
얼마나 울어야 하나요?

# 찔레꽃

찔레꽃이
가시덤불에서도
은은한 향기를 날리다가
그만
나의 시선에 주춤거린다.

어쩜 이리도 빛이 고울까
가슴 아리도록 선이 순수할까
만들지 않아도 되는
인생의 절벽을 산책하면서
생각의 똬리만 틀고 있었던
내 가슴을 멍이 들도록 후비더니
나의 못난 생각까지 쳐 버린다

꽃잎에
숲을 볼 줄 아는 눈동자를 달고
따사로운 오월에
울 엄마의 미소 같은 향기를
쉼 없이 날리더니

# 싱그러움

아가씨라 불리고 싶은 세 명이
이른 아침 월미공원에 산책을 갔다.
웃고, 웃다가
사진을 찍어준 멋진 여자분의 안내로
연못에서
잉어 먹이 주는 체험을 하고
또 웃고, 웃다가
나뭇잎에 흔들리는 바람이 전해주는
밤꽃 향기에 코를 막아 보기도 하고
숲 오름길 계단을 오르면서
수명이 늘어난 것에
그렇게 또 웃고, 웃다가
싱그러움을 마시고 또 마시고
세 명이 도란도란 앉아서
싱그러움에 퐁당 빠져 건져주면서도
눈물 나도록 배꼽을 잡고
웃고, 웃는데
싱그러움을 다 가지란다.
나뭇잎이 햇살에 반짝이다가

# 황매화의 기도

아침 햇살에 기지개를 켜고
한 송이씩 모습을 드러내면
누구나 나에게
"곱다"고 했던 것처럼
내가 사랑하는 사람에게
참 빛을 주시고
시간을 거꾸로 되돌릴 수는 없을지라도
아름다운 꽃만 피우게 하소서
신이시여
제가 아무것도 내어 줄 게 없어도
동그랗게 꿈을 그리려다가
네모, 세모로 비틀거리며
눈물의 조각을 훔칠지라도
노오란 금화 같은 꽃에는
지혜의 빛만 흐르도록
소중함만 허락하소서

# 저 들국화처럼

십자수를 새기듯이
세월이라는 천에
아름다운 시를 짠다는 핑계로
푸른빛이 흐르는 믿음의 씨앗을
살피꽃밭에 뿌린 적이 없었다.
흘러가는 강물일지라도
뿌리는 것이 있어야
하나님을 찬미하며 떡을 떼는 것처럼
참 빛 같은 소망이 생기는 건데
웃고 떠들다가
목마르면 포도주도 마시자
온유한 믿음의 푸른 씨앗을
그래, 그렇게 뿌리는 거야
엘리야 선지자가 그랬던 것처럼
아름다운 선율이 배이도록
시큰둥하게 벼랑에서 버티다가도
조금씩 성숙해져 가는
저 들국화처럼

# 해오라기난초

오늘이 오기까지
참 오래 걸렸지만
빛나는 새벽별처럼
후일에 진정한 의미를 주는
꽃이었다는 기록이 없어도
나는
꿈처럼 날고 싶다.
곱디고운 자태로
다소곳하게
별 가루 같은 사랑을
사방에 흠뻑 뿌려도
잘 하였도다
칭찬만 듣도록

# 괜스레

멋쟁이 태양이
아직 지지 않은 달의 뺨을
어루만지고 있는 모습이
너무나도 보기가 좋다
이제는 나도 누군가에게
태양만큼 환하게 웃어주고
은총의 빛줄기로
아토*를 주듯이
참 빛을 고르게 나눌 줄 아는
아리아가 되었으면
괜스레
어울리지 않은 꿈을
꾸어 보기도 한다.
불혹이 지나가는 길목에서
가끔씩, 아주 가끔씩은

* 아토 : 선물.

제5부

# 별이 된 라합처럼

# 별이 된 라합*처럼

구원역사에
별이 된 라합처럼
아픔의 고통을
그 뼈아픔의 고통을
꽉 보듬어보리라

조용한
오솔길을 걸으며
이미
나동그라진 꿈은 버리고
한 번도
말 한 적은 없지만
그 안에
기쁨이 은혜가 되는
불꽃 같은 꿈을 담아

보랏빛 작약꽃의
그 사랑스러운 미소를
아무렇지도 않게 머금고
그 길을 순전하게
항해할 수 있도록

*라합 : 여호수아(수 2:1)에 나오는 기생 라합을 '믿음의 사람'으로 규정함. 예수의 선조 중 한 사람(마 1:5)

# 문학산에서 본 깨금*

문학산의 싱그러움이
밀양 얼음골에 온 듯
시원함을 산뜻하게 준다
상수리 나뭇잎 사이로
화려하게 스며든 햇살에
고개를 들어보니
하늘 향해 두 팔 벌리고 있다가
깨댕이* 친구를 만난 것처럼
깨금과 눈이 마주쳤다
두 손 붙잡고 서서
한참을 볼을 비비고 보니
엄마랑 산에 가서
깨금을 씹어 먹던
유년시절의 고소한 추억이
밀물처럼 밀려온다.

* 깨금 : 개암나무의 열매(강원, 전북, 충청 지역의 방언).
* 깨댕이 : 옷을 모두 벗은 몸. 벌거숭이.

# 그리운 아버지

황금 물결 수놓아진 들녘에
발자국 남기신
그 자리에 서성거려봅니다.
아버지 웃음 그리워서

가슴 아파 괴로운 심정
한줄기 눈물로 떨어지면
나뭇잎 붉게 미소를 짓습니다.
소망 바르게 색칠하자고

풀어지지 않은 숙제 풀려고
아등바등 욕심을 부려도
바라볼 수 없는 그곳에서도
커다란 웃음 보내 주시겠지요.

# 그럼에도

이른 아침부터
찰옥수수를 삶아 먹었지만
오후가 되니 마음보다 먼저
발길 따라간 그곳은
짜장면 가게였다.

늦은 점심을 먹다가
우리를 보고 밥을 뜬 듯 만 듯
급하게 허기를 달래더니
주문받은 냉면과 콩국수
짜장면을 볶는다.

팔팔 끓고 있는 열기가
옹이진 친구의 뼈마디에서
그네를 타고 다니다가
등짝에 찰거머리처럼 붙어서
속삭인다, 웃고 산다는 것은
이런 것이라고

수많은 풍파를 겪고도
아름다운 곡선을 그리던

우리 동네 냇물도 그랬을까
그럼에도, 잘 넘어간다.
탱탱한 면발은

# 우리의 웃음은 신바람

똠방똠방
세월이 간다고 가버려도
따뜻한 사연을 읽고
웃고, 웃고, 또 웃어보자.
뜨거움만 치솟아 오르게

후쿠오카에 여행 간 아들과
페이스 톡으로 대화를 나누고
눈앞에서
일본 풍경을 보여주는
상큼하고 좋은 세상인데

울 아버지랑
유년시절에 찍었던
한 장의 가족사진 앞에서
나와 아버지가 웃는다.
윤슬처럼 반짝이며

선친께서 고엽제로
뼈가 까맣게 썩어갔어도
아름다운 때는 오는 거라

말씀하셨던 것처럼
우리의 웃음은 신바람

# 서면 서천변 길에서

모교에서
총 동문 체육대회를 마치고
벚나무가 징검다리처럼 즐빗이 놓인
향긋한 흙냄새 나는
서면 서천 변 길을
아들과 함께 걸었다.

꽃이 진자리에
푸르게 돋아난 잎사귀가
패어져 나간 추억을
가지런히 싸매어 주더니
자전거 타고 다니며 흘렸던
모자(母子)의 웃음 짓는 일상과
삐비*를 질겅질겅 씹어 먹던
유년시절 모습을
영상처럼 보여준다.

꽃이 진 그 자리에
푸르게 돋아난 잎사귀처럼
많이 웃고 신나게 살란다.
지워버리고 싶은
그날
그 기억은 다 지우고

＊삐비 : 띠라는 식물의 어린새순. 일명 삘기.

# 수수꽃다리야

수봉공원에도
용현시장에도
사방이
수수꽃다리 향으로 그윽하다
수수꽃다리야
굴곡진 삶을
말끔히 씻어버리게
너의 그 고운 향기를
나에게도
조금만 내어 주렴
이제는
나도
너처럼
풀의 꽃과 같은 싱그러움과
포근하고 예쁜 향기를
골고루 나누어주는
꽃잎 같은 사람이 되도록

# 하늘타리꽃

이른 봄에
살포시 고개 내밀어
울타리를 오르면서
더듬더듬 시작된 꿈
다만
똑바로 걸을 때마다
허망하게 빗겨나갔지만
평화로운 하늘에서
한줄기 참 빛을 본 것처럼
아무 일도 없었다는 듯
탄탄하게
참꽃을 피우고, 피우고
또 피우리라
신산한 실타래 매듭이
저 양떼구름처럼
조근조근 풀리도록

# 비에 젖은 참새

구름처럼 떠돌다
바람을 만나
울분을 토하지 못해
빗물과 함께 흐르는 눈물
화장을 진하게 하고

빗속에서 뒹굴며
미쳐 버리고 싶은 마음은
비행을 시작하게 하고
더 높은 곳을 날고 싶어
두 날개를 펼쳐 보지만

떨어지는 빗물만
흠뻑 들이키고 말았다.
온몸을 씻어도
마음마저 씻어내지는 못하고
오래도록 빗물 바라보며
그 누구도 원망하지 않았다

# 황금 낮 달맞이꽃

조금은 힘겨울지라도
색감이 강렬한 꽃이
보이지 않는 사랑을 품고
내가 걸어가는 길목에서
너털웃음을 지으며
하루만이라더니
그 하루를 응원하네
세상이 내가 기대한 것과 달라도
희망이 절망이 되지 않도록
한껏 아름답게 살라고

## 산포도

고동 주우러 갈 때마다
닿도록 다녔던 깽번*
써레질을 한 번도 안 한 밭처럼
풀뿌리가 박힌 외딴길을
그때 그 시절 아가씨가
그 길을 나풀나풀 걷는다.

그해 여름은 뜨거웠고
신비한 빛을 머금은 머루가
주렁주렁 매달려 있어서
정신없이 쓸어 담아
보따리에 싸매어
집으로 왔지만

월남전 참전용사 울 아버지
씩씩하게 병원에 가시더니
그렇게도 좋아하신다는
머루주가 숙성되기를
기다려 주지 않으셨다

산포도라 불리던 그 머루가
강화도 화도면 문산리에서

멀뚱멀뚱 나를 보더니
싱긋 웃고 또 웃는다.
이십 년 전 기억을 알맹이
하나하나에 담아놓고

＊깽번 : 강변.

# 김치를 다 버무리고

죽평리 뒷산에서
마삭줄 이파리가
유년시절 소꿉놀이
추억의 부스러기를 반짝거렸다.
소소한 추억을 새겨놓고

솔바람과
편백나무의 푸르름이
사각거리는 대나무와 섞여
울 엄마의 숨소리와 사랑으로 가꾼
배추, 무, 붉은 갓, 생강, 깨, 마늘…
김치를 버무리는 내내
영원을 찾을 것 같은 비밀의 바람을
하나씩 하나씩 풀어 놓더니
평온하고 맑은 하늘에
강물처럼 흘려보내고 있었다.

먼발치의 봉화산 미녀봉 우리는
별은 바라보는 자에게 빛을 준다더니
휘감고 도는 바람에 윙크만 한다.
내 유년시절 비밀을
다 알면서도

# 연어도 아닌데

꽃바람에
홍매화, 자목련, 라일락까지
사방이 꽃으로 범벅이 된
수봉공원에
꽃으로 젖어 사는
싱그러운 풀잎이 속삭인다.

아궁이에 솔가지로 밥을 지으면
흘러넘치는 밥물과 고슬고슬한 밥알
병아리와 복실이 그리고
살구 꽃잎 흩날리던 내 고향이
왜 그렇게도 그리울까요.

꽃바람이
송글송글 맺힌 그리움을 씻어주었는데
내 고향 고샅에서
헝클어진 모습으로 꽃을 피워놓아도
그렇게 예쁘고 귀엽던 물망초가
왜 이렇게도 보고 싶을까요.

# 순천에 핀 매화의 바램

복수초보다 먼저 서로 바라보며
함께 웃자고 한 따뜻한 삶의 향기
그런 향기를 품고
당당한 꽃이 되는 거야
언제 어디서나
신께
기도한다고
다 들어주는 것이 아니라잖아
다만
기회를 주는 것처럼
노력해야 얻을 수 있는
향기일지라도
강하게 품어봐야겠다.
아픔의 눈물을 삼킬지라도
흩어지지 않고
행복하게 웃어나 보게

# 화분에 물을 주면서

그동안 보이지 않았던
누렇게 뜬 이파리 떼어내고
화분에 물을 주면서
문득
내가 가진
허물을 더듬어본다.

목걸이 마냥
누렇게 뜬 허물
떼어 버리지 않고
주렁주렁 매달고 다니면서
삶이 힘들고 고달프다고
나약한 척했던 것을

내 마음에 싹튼 욕심
내 마음에 가시 같은 분노
하나씩 떼리라
미안수를 바르지 않아도
순수하고 싱그러웠던
그때 그 시절처럼

# 금메 말이시*

북창터*에
울 아버지가 좋아하시던
귀하디귀한 벌교 참꼬막이 있었다.
아따~야
금메 말이시
참말로 이것이 참꼬막이여!
빛나고 깨끗한 세마포를 입은
그 사람들처럼
그곳에서
지금이라도 당장 달려오셔서
토실토실 여문 참꼬막을 한입에 넣고
홍어삼합, 방어회, 잰피로 버무린 김치
그리고 울 엄마가
부지깽이로 아궁이를 헤집으며
기명물*에 손 담가 가면서
병어조림에 넣은 숨겨진 아픔까지
싹싹 비벼서 드실 것만 같은
슬프도록 아름다운 밤이다.
금메 말이시
그리움마저
들쑤시는 것을 보면

* 금메 말이시 : 그러니까 말인데.
* 북창터 : 북창 동 호남 맛 집(송봉남 선배님이 운영하는 식당).
* 기멍물 : 개숫물(설거지할 때 그릇을 씻는 물)의 방언.

# 물봉선화

쏟아지는 별빛처럼
그리움의 부스러기를
가슴에 끌어안고
바람에 날리지도 못한 체
얼마나 흐느적거렸는지

너를 알고부터
솟구쳐 오르던 꿈이 잠들면
죽평리 골짜기 계곡을
뛰어다니면서
꽃잎에
모가지를 드리웠지

영롱한 이슬을 머금고
윤슬처럼 반짝이던
꿈속의 애틋한
고향의 물봉선화를
여기에서 보게 될 줄이야
이건 분명 꿈도 아닌데

# 순결하고 진실한 서정으로 모자이크한 상념의 성찰적 미학(美學)

## — 윤신희 시집 『참 별일이시』 해설

최 병 영(시인, 문학평론가)

### 1. 이상세계를 지향하는 시적 감성의 직조(織造)와 현상학적 통찰

한 편의 시는 순결한 영혼의 소용돌이에서 발아한다. 영혼의 결로 다스린 순도 높은 감성이 원형적 정서에 용해되어 전율의 바람을 몰아온다. 우리는 한 편의 시를 통하여 극대화된 기쁨과 희열을 만끽하고 슬픔과 아픔을 체감하며 고독과 고적의 심연을 경험한다. 시는 인간의 영혼을 가꾸어 살지게 한다. 그러기에 진정한 시는 말과 언어를 다루는 기술에서 비롯되는 게 아니라, 인간 삶의 성찰과 내면을 직시하는 깊은 사유와 이해에서 결실된다. 단순히 피상적이고 관념적이며 감상적인 작품은 감동을 수반하지 못한다. 시는 순결하고 진솔한 영혼의 노래여야 한다. 그것이 시의 본질이고 참된 가치이다. 우리는 그런 시에서 격동하는 전율과 함께 시를 내면에 수용하여 음미하며 사랑하게 된다.

시는 세상을 바꾸는 위대한 힘을 함유하지 못한다. 역사적 물줄기의 흐름을 바꾸는 거대한 실체도 아니다. 시는 문자언어로 기록하는 통상적인 예술의 한 분야일 뿐이다. 하지만 그게 바로 시가 지니는 위대함이고 찬란함이다. 세상에 존재하는 모든 것이 소멸하고 멸실되더라도 시는 오히려 끈질긴 잠재력과 생명력을 지니고 인간 삶의 고유한 빛과 그림자를 투영하여 조명해 줄 것이다. 참신한 시는 항시 구체성과 몽환성, 선명한 이미지와 신비한 여백의 넉넉한 공간을 잘 조율하고 무르익은 언어로 깊은 내면의 외침을 축적해 갈 것이다.

시는 상상력으로 빚는 심미적 세계의 영상이다. 상상력은 생기 찬 초월성의 근원적 에너지이다. 상상력은 현실 저편에 존재하는 또 다른 현실의 가능태로서 형성되는 유토피아(Utopia)의 세계이다. 그러기에 상상력은 현재 당면한 제반의 고통과 번민과 억압의 한계적 상황을 극복하고 의식을 생생한 느낌으로 집중시키며, 그 결집된 느낌을 통하여 현실의 한계를 타파하고 일어설 수 있는 단초를 제공한다. 시가 인간의 고정화되고 고착된 인식을 깨뜨리고 자유로운 삶을 추구하는 인간 정신의 표상이라 할 때 그것은 바로 일체의 억압과 권위로부터 자유와 자발을 획득하고자 하는 새로운 이상주의적 정신과 상통한다.

윤신희 시인이 두 번째로 상재(上梓)한 시집 『참 별일이시』는 꽃과 기행(紀行)을 테마로 이상세계를 지향하는 작품집이다. 시집 전반에 걸쳐 세상에 존재하는 온

갖 꽃들이 갖가지 의미를 지닌 다채로운 꽃술로 피어나 시의 꽃길을 형성한다. 그리고 순박한 영혼으로 조감하는 발걸음이 다양한 외부세계의 참모습을 가치 있게 펼쳐놓는다. 시집으로의 꽃길을 형성하는 화초들이 꾸밈없는 의식의 투명성과 작위적이지 않은 순박한 언어의 총합으로 빚어낸 순결한 영혼의 자아상(自我像)을 그려낸다. 더불어 기대에 찬 기행의 행선지들이 각기 나름의 개체적인 의미를 지니고 작품으로 승화한다. 한 걸음 내디뎌서 화사한 화초가 만발한 윤신희 시인의 싱그러운 정원과 객수(客愁)어린 여행의 행선지를 찾아 길을 나선다.

## 2. 자연과의 일체화를 통한 생명의식의 존중과 휴머니즘의 발현(發現)

윤신희 시인의 노랫말은 한결같이 수수하고 진솔하다. 노래의 율조를 형성하는 입체적 언어들이 감성적이고 다층적인 높낮이로 삶의 내면을 직시하여 되작이며 성찰하는 투시력을 보인다. 제반의 시편들이 형식성과 상투성을 배제하고 미학적 성숙도를 이루며 상상력을 배양하고 지향하는 결기를 보여준다. 윤신희 시인의 작품들은 경계심 없이 차분히 시를 음미하게 하는 직진성의 매력을 지닌다. 시냇물의 순연한 리듬처럼 자연스럽게 흐름을 지속하는 시들을 진열하고, 특유의 감각으로 감정의 파장을 수양버들처럼 춤추게 유도하는 시이다. 외부의 시선을 개의치 않고 꾸밈없는 순수한 감성으로 진중히 심중을 포착하고, 시라는 기존의 형식적 고정관

념을 배제하고 시행마다 시적 자아를 진솔히 담은 시이다. 시라는 강박성 속에 웅크리지 않고 몸체를 꼿꼿이 세우고서 독자의 느낌과 감성을 이끌어가는 시이고, 독자들이 시로 지은 봄옷을 입고 꽃처럼 예쁘고 환하게 피어나는 시이다. 들숨으로 깊이 심호흡하고 윤신희 시인의 작품집『참 별일이시』표제시 속으로 발길을 들여놓는다.

참 별일이시
가슴 뛰는 삶을 살면서

꽃이 보이고
파아란 하늘이 보이고
아름다운 마음이 보인다는
때죽나무 꽃의 속삭임처럼
총총히 박힌 별에게
사랑스럽게 속삭였네

모내기 한 논에 모가
튼실하게 뿌리를 내리면
은혜의 사닥다리를 타고
웅숭그린 영혼을 씻어
지혜의 보배로
내 삶도 물들이겠다고

하,
참 별일이시

가슴 뛰는 삶이 이다지도 좋을까?

―「참 별일이시」 전문

기존에 인지하는 세계를 은닉하거나 발현하는 현상을 감지하여 이를 이해하고 수용함으로써 자신만의 언어로 재구성하고 확립하기 위해서는 인식과 사유를 언어화할 수 있는 시적 감성이 필연적이다. 시는 신비감 넘치는 선명한 이미지를 형상화하고 시적 대상에 대한 깊은 상념과 인식으로 오랜 숙성을 거친 후에야 비로소 빛나는 감각적 표상의 작품을 빚을 수 있다. 윤신희 시인의 시집 『참 별일이시』를 구성하는 대다수의 시는 해석의 난해성을 배제하고 쉽게 읽히는 가독성의 특징을 보여준다. 이는 독자에 대한 접근성의 통로를 개방하고 수용의 용이성을 확장하는 긍정적 측면을 강화한다. 시는 독자들이 편안히 접근하여 감상하고 느긋이 음미하여 시의 속살을 감상할 수 있어야 한다. 그러기 위해서는 시인의 진솔한 삶과 철학적 가치 인식이 깊지 않은 골에서 물 흐르듯 자연스럽게 구현되어야 한다.

윤신희 시인의 표제시 「참 별일이시」는 시적 자아가 추구하는 삶을 자연과의 합일성을 통해 희원(希願)하는 소망과 가슴 벅찬 절대적 의식의 동질성 및 감각적 언어로 형상화하고 있다. 자연은 인간의 영원한 벗이자 스승이다. 자연주의 학자들은 자연을 원칙적으로 완전히 인식할 수 있는 대상으로 가정한다. 자연에는 객관적 법칙을 함축하는 규칙성과 통일성, 총체성이 존재하는데, 만일 이런 법칙이 없다면 과학지식을 추구하는 일조차 어리석은 개념으로 이해한다. 그런 의미에서 자기 믿음에 대한 구체적 증거를 끝없이 탐구하는 인간 노력은 자연주의 방법론에 대한 확증으로 인식할 수 있다. 자연주의자들은 자연이 바로 실재(實在)이며 실재하는 전부라고 주장한다. 자연주의자들은 존재를 넘어서는 어떤 것도 실재하지 않고 존재와 다른 어떤 것도 없으며 또 다른 존재 세계도 없다고 주장한다.

윤신희 시인이 적용한 자연관도 이의 범주를 크게 벗어나지 않는다. 윤신희 시인은 자연을 벗하여 '가슴 뛰는' 삶을 체감하고 그런 삶에 대해 만족스런 정서를 여과 없이 토로한다. 시적 자아는 때죽나무 꽃의 속삭임과같이 꽃과 하늘을 벗하여 아름다운 마음을 보고 밤하늘 별에게 사랑스럽게 속삭인다. 여기서 시적 자아는 실존하는 연약한 생명체가 굳건하게 뿌리 내리면 영혼을 씻어 자신의 삶을 물들이겠다는 강한 의지와 신념을 직관적이고 직설적인 어조로 표상한다. 이는 생명에 대한 존중의식과 인간의 본성을 옹호하고 인간을 더욱 인간답게 하는 박애주의적 휴머니즘(Humanism)의 발로로 귀결된다. 휴머니즘은 인간이 합리적 자율성을 지니고 있다는 주장에 대한 근거를 제시하고, 인간이 그동안 상실했던 자유정신의 재생을 목표로 하는데 값진 의미를 지닌다. 흔히 글의 가치는 절반이 서두 부분에 있고, 서두의 절반은 제목에 있다고 말한다. 윤신희 시인이 상재한 시집의 제명(題名)으로 충청도 토속어를 선택한 것은 그 나름대로 의의를 지닌 것으로 여겨진다. 이는 시의 결미 부분에서 드러내는 영탄적 어조와 더불어 '가슴 뛰는' 삶의 격정적 정회를 극대화하는 언술의 화소(話素)로서 표준어보다 토속적 방언이 더욱 효율적 가치를 지닐 것으로 여겨지기 때문이다.

저 언덕너머에서
똑바로 가지 못하고
헤매는 꿈을 꾸었을지라도
꽃이 되고, 빛이 되어
별의 향기를 가진 꽃이기를
그리고 참열매를 맺을 줄 아는
포근한 어깨 두드림 같은
그런 귀한 꽃을 피우게 하소서

—「패랭이꽃의 소망」 일부

살다보면
울 때도 웃을 때도 있는 것을
울지도 않고
웃지도 않고
빨리빨리 급하게 걸어야
그래야
목적지에 도착 하는 줄 알았던
철없던 그 발자국까지도
하여
찬란한 슬픔의 봄이 오면
풀잎 하나하나
꽃잎 한 송이 한 송이에
애정과 사랑을 심어주리라

뜨거운 입맞춤으로

— 「일월이 훌쩍 가버린 어느 날」 일부

위의 시는 표제시 「참 별일이시」가 내적질감으로 표방하는 박애주의적 가치의 연장선상에 배치되어 그 의미를 구체화하는 시들이다. 시 「패랭이꽃의 소망」은 시적 자아가 시의 근원을 형성하는 제재(題材) 패랭이꽃에 대하여 '삶의 참사랑'에 의한 '별의 향기를 지닌 꽃'으로 충만하여 아름답고 내실 있게 개화하기를 소망하는 염원을 담고 있다. 이런 열망은 범상한 일상의 것이 아니라 '축복의 믿음이/ 몸 깊숙이 박히게' 하는 종교적 경지의 숭엄한 염원으로 승화하고 있다. 이와 같은 의식은 시 「일월이 훌쩍 가버린 어느 날」로 이어지며 시적 자아가 지닌 휴머니즘의 내실화를 이루고 있다. 인간의 삶은 다양하고 다채로운 특징을 지닌다. 이는 하느님이 주신 사랑이 더할 수 없이 존귀하고 아름답다는 종교적 의식의 전제를 바탕으로 하여 '뜨거운 입맞춤'을 통해 '풀잎 하나하나/ 꽃잎 한 송이 한 송이에/ 사랑과 애정을 심어주리라'는 시적 자아의 집착적 정감과 의지적 헌신이 진솔한 감정으로 표출되고 있다.

사랑은 높은음자리에서 결실되는 숭고한 무형의 추상적 정서이다. 이는 이 세상에 구상화되어 존재하는 어떤 가치나 덕목으로도 환치(換置)할 수 없는 소중한 값어치를 지닌다. 그러기에 사랑은 언제나 위대하고 숭고하다.

## 3. 다양한 꽃송이로 형상화한 내면의식의 층위(層位)와 사유의 심연

윤신희 시인이 상재한 시집 『참 별일이시』는 여실히 두 가지 축을 중심으로 하여 전체 작품군을 형성한다. 그 중요한 축의 하나가 바로 꽃이고 또 다른 하나의 축은 기행(紀行)이다. 그런 의미에서 『참 별일이시』의 내부를 형성하는 속살의 하나는 온전히 꽃을 노래하고 꽃을 매개로 하는 꽃의 메시지(Message)들이다. 이에는 꽃을 제명(題名)으로 하는 시가 무려 32수를 이루고 있어 게재된 전체 작품의 35%를 상회하는 수치로 드러난다. 꽃은 아름다움의 상징이다. 때문에 꽃은 화려함과 번영, 영화로움 등의 긍정적 의미를 표상하고 있고, 이는 아름다운 여인이나 인간 삶에 있어 좋은 일, 영화로운 일에 비유되기도 한다. 또한 꽃은 젊음과 사랑을 상징하기도 하고, 국화(國花), 교화(校花), 사화(社花)처럼 한 집단을 상징하기도 한다. 우리 선인들은 꽃에도 품계나 등급을 부여하길 즐겼는데, 이는 꽃의 아름다운 가치보다 꽃이 지닌 상징적 의미에 주목하여 등위를 결정한 것으로 이해된다.

조선 전기의 서화가이자 시인인 강희안(姜希顔)은 꽃 중에서 뛰어난 운치와 절개를 상징하는 매화, 국화, 연꽃, 대나무를 1등급으로, 부귀를 의미하는 모란, 작약, 왜홍(倭紅), 파초를 2등급으로, 운치가 뛰어난 치자, 동백, 사계화(四季花), 종려, 만년송을 3등급으로, 화리(華梨), 소철, 서향화(瑞香花), 포도, 귤을 4등급으로, 석류, 도(挑), 해당화, 장미, 수양버들을 5등급으로, 진달래, 살구, 백일홍, 감, 오동을 6등급으로, 배, 정향,

목련, 앵두, 단풍을 7등급으로, 무궁화, 석죽, 옥잠화, 봉선화, 두충(杜沖)을 8등급으로, 해바라기, 전추라(翦秋羅), 금잔화, 석창포, 화양목을 9등급으로 분류하여 제시한 바 있다. 또한 15세기 원예 실용서인 『양화소록』에서는 대표적인 꽃의 상징적 의미로 매화는 강산의 정신을 지니고 태고의 모습을 드러낸다 하였고, 국화는 혼연한 원기(元氣)가 그지없는 조화(造花)라 하였으며, 연꽃은 깨끗한 병 속에 담긴 가을물, 비 갠 맑은 하늘의 달빛, 봄볕과 함께 부는 바람이라 하고, 모란은 부귀영화를 상징하는 대표적 꽃으로 표현한 바 있다.

꽃은 아름다움을 상징하나, 이를 미적 가치로만 인식하면 품격 있고 격조 높은 시의 형상화는 불가능할 것이다. 윤신희 시인은 꽃으로 대별되는 다양한 제재를 세세한 시선으로 응시하고 이에 가치 있는 의미를 부여하여 합리적 주제를 강화하는 시로 승화시키고 있다.

하늘을 향한 행복한 만남이
푸른 보랏빛으로
선명하게 그려지도록
표현할 수 없을 만큼
힘이 들지라도
울며 씨를 뿌리는 사람처럼
슬플 때 사랑한다는
그런 멍에는 벗어버려라
꽃이니까, 넌 꽃이니까

—「용담꽃에게」 일부

고단하고 힘든 삶을
보듬어 주고
꽉 껴안아 줄 만큼
사랑스럽고 마음이 넓은
꽃사과나무가 되고 싶다

—「꽃사과나무」 일부

스러져
덧없는 삶이 될지라도
도시의 시멘트 담장에서
하늘과 바다를 품어보리라

그래 그렇게 시작하는 거야
그래야 하니까
난
꼭 그래야 하니까

—「파란색 나팔꽃」 일부

맑은 가난이 자랑스럽진 않아도
세월이 덧없이 흘러가지 않도록
그렇게 늘솔길을 걸으며
싱그러운 바람처럼
상큼한 구름처럼
찬란하게 기다리면서

그러다보면
애틋한 사랑을 품은 꽃을
곰실곰실 피워내겠지요
사랑을 받는 꽃이 아니라
세상에서 가장 아름다운
사랑을 주는 참 꽃을

—「해바라기의 꿈」 일부

위의 시에서 「용담꽃에게」는 시적 화자가 꽃에게 자신의 가치관과 신념에 의해 제시하는 주문사항이 눈길을 끈다. 시적 화자는 '꽃으로 피고 진다 해도/ 가슴 시린 멍에를 지지 말라' 고 강력히 강권하고 있는데, 이는 시적 대상의 의견을 고려한 청유나 합리적 논의를 거친 권장의 정황을 초월한 강력한 명령적 어조로 일관하고 있다. 또한 상황에 따른 유연하고 융통성 있는 개념의 것이 아니라 불변의 가치로 규정하는 단정적인 것임을 여실히 보여준다. 이와 같은 불변의 가치 인식은 마지막 시행에 드러나는 '꽃이니까, 넌 꽃이니까' 라는 반복 언어구조에서 올곧이 강조되고 있다. 시인은 꽃이라는 제재에 다하여 절대적 권위와 전능한 의미를 부여하여 한계적 상황의 타파를 부르짖는다. 둘째 시 「꽃사과나무」는 감정이입을 통한 시적 자아의 소망과 의지를 담은 염원이 주목된다. 이는 핵심적 대상에게 마음을 의탁하여 본질을 동질화함으로써 합일적 지향점을 추구한다는 의미에서 고무적인 작품이다. 셋째 시 「파란색 나팔꽃」에서는 시적 자아의 심적 상태를 색채화한 단정적 이미지로 제시하며 투명하고 가감 없는 관철을 위한 삶의 의지적 결심이 명확하게 제시되고 있다. 이는 결미 부분에서 명료하게 명시한 '그래야 하니까/ 난/ 꼭 그래야 하니까' 라는 시행에서 자아에 대한 스스로의 확신과 다짐을 재강조함으로써 의미를 더욱 공고히 하고 있다. 넷째 시 「해바라기의 꿈」에서는 소망성취를 위한 기다림의 미학이 참신한 메타포(Metaphor)에 의해 절실히 구현되고 있다. 이는 현실적 삶의 진통과 버거움을 기다림이라는 긍정적 인식의 결기로 슬기롭게 극복해 가려는 시적 자아의 의지가 진중한 의미로 투영되어 비친다. 이처럼 윤신희 시인이 가꾸어 피워낸 꽃의 형태는 다양하고 꽃송이의 색채에서 번지는 향기는 다채롭다.

## 4. 기행을 통한 자연과의 교감, 그 풍광으로 직핍(直逼)한 심미적 시학

윤신희 시인의 시집 『참 별일이시』에서 꽃과 함께 또 달리 시의 중심축을 이루고 있는 중요작품의 성향은 기행시이다. 주로 제3부 「하얗게 일렁이는 꽃 속을」에 집중 배치된 일련의 시편들은 국내와 국외를 망라하여 전개되고 있다. 기행은 여행을 하며 보고 느낀 바를 적는 기록행위를 말한다. 기행은 숨 가쁜 일상의 중간 점에 찍는 휴지부(休止符)이다. 사람에 따라 일상을 탈피하고 여행을 하는 동기는 다양하다. 휴식을 취하거나 오락을 즐기기 위해서이기도 하고, 새로운 발견과 의미 있는 탐험을 위해서이기도 하며 다른 문화에 대한 지식을 얻기 위해서이기도 하고 다른 사람들과의 바람직한 관계설정을 위해서이기도 하다. 사람들은 여행을 통해 새로운 문화를 접할 수 있는 기회를 가지기도하고, 폭넓은 세계를 새로운 시각으로 접근하며 안목을 넓히는 기회로 삼기도 한다. 여행은 생소한 외부세계를 자신의 삶과 가까운 지근거리로 연결시키고 그들이 살아가는 세계에서의 삶의 목적을 발견하기도 한다. 여행은 사막같이 각박하고 건조한 삶의 현장에 새겨 넣는 물결문양 형상의 청량한 오아시스이다. 그러기에 누구에게나 여행은 절대적으로 필연적인 쉼터로 작용한다.

황새 바윗길에서
윤동주 그는
다시 태어난다 해도
말없이 시를 쓰다가
별을 보고 또 시를 쓰다가
신선한 소나무 숲을 떠올리며
해변에 앉아서 그렇게 쓴 시를
사랑의 나무에 걸겠지

—「오이도 밤바다」 일부

새로움으로 빛을 내는 푸르름이
애달파하고
발 동동 구르면서 살지 말란다
정말로, 정말로 애썼다고
언어의 온도를 높이는
또랑또랑한 목소리를

푸르고도 상큼하게 빚어
내 삶에
고르게 발라주면서

—「소쇄원에서」 일부

요천강을 벌컥벌컥 마시던
잉어가
마치 어린양처럼 뛰어놀다가
담 결리는 것 마냥
지리산 천 갈래의
계곡물이 모여 강이 된
오작교를 건너는 나를 본다.

한없이 뜨겁고 순수했던
그 사랑은 보이지 않고
빗질하듯이 바람에 휘날리는
버드나무 이파리만 찰랑거린다.
퍼슬퍼슬한 애달픈 빛깔을
상큼한 초록으로 바꾸라고

—「광한루원에서」 일부

그들의 처절한 아픔을
지금껏 끌어안고 몸서리치며
쓰라린 가슴으로 절규하는 소리가
아슴하게 들린다, 들려온다.

민통선 탐방로에 발을 디딘 순간
자유의 다리에서 총탄을 맞고
아물지 않은 상처로 울부짖는
내일의 기적 소리까지도

—「임진각, 내일의 기적 소리」 일부

위의 시들은 여행지를 배경으로 하는 일련의 개성어린 작품들이다. 소재를 집요하게 응시하는 뜨거운 눈길과 다층적 사유로 상상의 나래를 펴는 시적 자아의 눈망울에 투영된 작품세계가 선연히 화폭에 밀도 있게 그려진다.

첫째 작품 「오이도 밤바다」는 빨간 등대를 소재로 애틋한 추억과 그리운 이를 금세 안겨줄 것만 같은 밤바다를 시간과 공간적 배경으로 설정하여 그려지고 있다. 이러한 시적 자아의 개체적 상념은 이내 윤동주 시인에게로 시선을 옮겨 그의 「서시」에 집중된다. 그리고 그처럼 부끄러움이 없는 삶에 대한 절대적 실천 의지를 암시하며 간절하고도 집요한 의식의 저변을 내비친다. 그 현상에는 시에 등장하는 '소나무 숲'이라는 신선한 공간적 이미지가 합리적으로 정당성을 부여한다. 시에 인용된 비유와 상상적 연상 작용이 눈길을 끌고 밤과 바다, 등대, 솔숲이 감각적으로 어우러져 절묘하게 색채적(色彩的) 조화를 이루고 있는 작품이기도 하다.

둘째 시 「소쇄원에서」는 조선 중기 정원인 소쇄원의 '광풍각' 마루에 앉아 깊이 상념에 잠긴 시적 자아의 모습이 한 폭의 소담한 수묵화를 연상케 하는 작품이다. 담양에 위치한 소쇄원은 계곡을 중심으로 하여 사다리꼴 모양으로 형성된 풍광을 지니고 있으며 갖가지 나무숲과 자연스럽게 쌓아 올린 담장이 세속의 번잡을 씻고 편안한 마음으로 이끌어 안정시키는 아늑한 정원이다. 소쇄원에 들어서면 대숲에 이는 맑은 바람 소리, 계곡을 흐르는 청량한 물소리, 광풍각을 비치는 하얀 달빛이 선경(仙境) 처럼 펼쳐져 저절로 시심을 북돋운다. 시적 자아는 이러한 신비로운 정경을 배경으로 하여 사색에 잠겨 스스로의 삶을 되새기는데, 소쇄원을 형성하고 있는 푸르름이 '조급하게 동동거리며 살지 말라' 고 충언한다. 이는 시적 배경의 현장이 소쇄원이기에 가능한 충고로도 여겨진다.

셋째 작품 「광한루원에서」는 오작교 아래 연못을 유영(遊泳)하는 잉어를 관찰자로 설정하여 자아를 응시케 하고, 춘향이와 몽룡이의 순결하고 뜨거웠던 옛사랑을 역사적 순행의 애상 구조로 조명한다. 이는 '바람에 휘날리는/ 버드나무 이파리의 찰랑거림' 이란 자연현상을 시적상황의 의미 있는 배경으로 설정하여 분위기를 고양하는 시적 기법이 두드러진다. 고대소설의 역사적 현장은 시적 자아에게 서슴없이 삶에 있어 '애달픈 빛깔을 상큼한 초록으로 바꾸라' 고 조언한다.

넷째 작품 「임진각, 내일의 기적 소리」는 분단의 비극과 아픔의 현장에서 느끼는 비애의 애달픈 정회를 사실감 있게 그린 작품이다. 기적 소리 잃어버린 증기기관차 곁에서 통일의 염원이 담긴 시선으로 북녘의 송악산을 조망하며 그날에 있었던 처절한 비극의 몸서리와 쓰라린 절규를 환청으로 듣는다. 격동하는 내적질서의 감정을 진폭 있게 사실적으로 묘사하고 있다. 요즘 남북 간에 전개되는 화해양상으로 보면 머지않아 시인이 응시하던 개성공단행 도로가 다시 뚫리고 남북으로 갈라선 민족이 서로 자유로이 내왕할 수 있는 희망적 기대를 부풀린다. 윤신희 시인의 염원처럼 남북이 평화체제를 확립하고 꿈결 같은 밝은 미래 상황을 정착시켜 통일을 현실로 구현하길 간절히 기원해본다.

## 5. 종교에의 순응과 구도(求道)를 통한 자아확립의 긍정적 인식

시는 시가 될 수 없는 것과의 본질적 긴장 속에서 시적인 것이 생성된다. 지나치게 추상적이고 몽환적인 언어의 남용은 현란함이 지나쳐 시의 본질을 손상하게 된다. 돌출된 시어로 문장을 조립하거나 교체하여 새로운 감각을 형성하려는 시도는 바람직하지 않다. 적확(的確)한 시어가 위치할 자리를 찾는 과정에서 사념은 구체화되고 발전하며 새로운 행로를 찾게 된다. 정확한 문장을 통해 인식이 구체화 되고, 그 인식을 이행하면서 깊이를 얻고 새 길을 찾을 때 비로소 시는 본질적 힘을 얻는다. 시가 절제된 감정을 인상적으로, 긴장과 이완의 국면을 자유자재로 표현할 때 시는 비로소 시다운 능력을 갖는다. 그리고 그 속에서 우리 삶의 진솔한 일면이 구현될 때 시가 지니는 울림은 크다. 그런 의미에서 이에 적합한 시는 종교를 표방하는 작품이라 할 수 있다. 윤신희 시인이 구현하는 작품세계에는 종교적 어휘와 색채를 지닌 작품이 다수 등장한다. 이는 전지전능한 절대자의 계시에 귀의하여 삶의 타당성을 획득하고 내면을 충족하려는 인간의 본성적 욕구 때문으로 판단된다. 윤신희 시인의 작품집『참 별일이시』에 수록된 제반의 작품 중에서 종교적 의미를 주제로 삼거나 종교적 어휘를 차용하여 작품내면의 구심점을 형성하고 있는 시들을 살펴본다.

하나님의 은혜 안에서
푸른 꿈을
푸르게 꾼 담쟁이와
사랑스런 꽃을
곱게 빚은 나팔꽃은

아주 조금일지라도
내가 가진 것을 내어주고
별다른 말없이 포용하면
조화를 이룬다는 것을
햇살이
들려주기 전에는 몰랐다네

—「담쟁이와 나팔꽃」 일부

용현시장에
손님들 발자국 소리가 줄어든
그날이었다.

선한 목자이신 예수님의

참 빛 같은
영원한 사랑이 저절로
들어오는 줄 알았다.

—「도라지꽃」 일부

그곳은 싱그러움으로 푸르렀다.
"나는 원고를 쓸 때면 손가락으로
바위를 뚫어 글씨를 새기는 것만 같다."
글 쓰는 것이
그렇게도 어렵다더니
그녀는 순수한 모국어와
전라도 사투리를 맛깔나게도 써 놓고
그리도 서둘러서 간 것을 보면
예수님이
골고다 언덕을 걸어갈 때 혼자였다는 것도
그녀는 다 알고 있었을까?

—「혼불 문학관에서」 일부

위의 작품 중 첫째 시 「담쟁이와 나팔꽃」은 지상의 모든 자연현상들이 하나님의 신통한 섭리 안에서 이루어지는 것으로 명시함으로써 절대자의 초월적 존재와 권위를 기리는 존귀하고 숭고한 의미를 드러내고 있다. 담쟁이와 나팔꽃은 다른 대상에 의탁하거나 감고 올라가는 본능적 생태의 공통분모를 지니고 있다. 이들에게 시적 자아가 가진 것을 기꺼이 내어줌으로써 절대적이고 희생적인 하나님의 사랑을 기리고 있다. 둘째 시

「도라지꽃」에서는 소설 「소나기」에 등장하는 소년과 소녀의 순수한 사랑을 예수님의 참 빛 같은 영원한 사랑에 비유함으로써 예수님의 순수하고 절대적 사랑의 의미를 드높여 극대화하고 있다. 셋째 시 「혼불 문학관에서」는 남원 가는 길에 들른 혼불 문학관에서 치열한 문학의 혼으로 대하소설을 집필한 최명희 소설가의 문학적 궤적과 짧은 생애를 기리는 작품이다. 시적 자아는 최명희 작가가 손가락으로 바위를 뚫듯이 써 내려간 문학적 투혼을 예수님이 홀로 걸어간 골고다 언덕에 비교함으로써 그 고난을 심도 있고 실감 있게 형상화하고 있다.

## 6. 윤신희 시인의 작품이 추구하는 문학세계에 대한 관견(管見)

윤신희 시인이 추구하고 구현하여 형상화한 문학적 작품세계는 몇 가지의 공통된 특징 요소로 집약되는데, 이를 정리하면 다음과 같다.

첫째, 윤신희 시인의 작품은 순수하고 진솔한 면모를 지닌다. 감성적이고 복합적인 시선으로 다층적인 삶의 본질을 직시하고 이의 의미를 파악하여 제시함으로써 독자들이 시에 대한 경직된 의식을 풀고 경계심 없이 접근하여 본질을 음미할 수 있는 통로를 개방한다. 윤신희 시인의 제반 작품은 가식을 배제하고 바람이나 시냇물과 같이 자연스러운 흐름을 지향한다.

둘째, 윤신희 시인은 다수 작품에서 현실적 삶의 양상을 극복하고 이상적 세계를 지향하는 매체적 제재로 꽃을 활용하고 있다. 윤신희 시인의 꽃은 순박하고 맑은 영혼으로 빚은 다양하고 다채로운 형태와 향기를 지닌다. 이는 꾸밈없는 의식의 투명성과 작위적이지 않은 순박한 언어의 융합으로 빚어낸 순결한 영혼의 자아상이기도 하다.

셋째, 윤신희 시인은 다수 작품에서 기행(紀行)을 창작의 모티프(Motif)로 설정하고 이를 창작 동기와 중심사고로 활용하고 있다. 기행은 가쁘고 삭막한 일상을 탈피하는 필연적 휴지부(休止符)이다. 이는 메마른 대지를 촉촉이 적셔주는 빗물과 같고, 갈증을 해소하는 달콤한 샘물과도 같다. 기행은 적극적이고 생산적인 창작행위의 의지적 실행이다. 윤신희 시인은 이를 통하여 의식의 자유로운 에스프리(Esprit)를 경험하고 작품에 적용한다.

넷째, 윤신희 시인의 작품에는 종교적 희원과 구도자에 대한 절대적 신념을 표방하는 작품들이 다수를 차지한다. 시인은 이의 형상화를 통해 구체적이고 합리적인 시의 본성을 구축하고 은은하고 심오하며 감명 어린 내적 울림을 지향한다. 종교적이고 구도적인 작품은 목적성이 강조됨으로써 교술성이 돌출되어 시의 참맛을 저해시키는 경우가 많은데, 윤신희 시인은 시 전반에 걸쳐 일상적이고 유연한 소재와 어휘를 통하여 이를 극복하고 있다.

다섯째, 윤신희 시인은 삶과 자연현상을 모두 시적 대상으로 파악, 인지함으로써 이에 가치 있는 의미를 부여하고 조밀한 체로 걸러내 작품으로 형상화하는 창작방식을 적용하고 있다. 때문에 윤신희 시인에게 있어 접하는 모든 사물과 현상은 모두 시의 재료로 활용된다.

윤신희 시인의 두 번째 시집 『참 별일이시』의 상재를 진심으로 축하하며 앞으로도 무한한 문학적 성취와 함께 건필의 광영을 구축해가길 기원한다.

문학세계대표작가선 853

# 참 별일이시

윤신희 제2시집

인쇄 1판 1쇄　2018년 5월 23일
발행 1판 1쇄　2018년 5월 30일

지 은 이 : 윤신희
펴 낸 이 : 김천우
펴 낸 곳 : 도서출판 천우
등　　록 : 1992. 2. 15. 제1-1307호
주　　소 : 서울시 성동구 무학봉28길 6 금용빌딩 2F
전　　화 : 02)2298-7661
팩　　스 : 02)2298-7665
http://moonhak.wla.or.kr
E-mail : chunwo@hanmail.net



값 10,000원



ISBN 978-89-7954-720-7

이 도서의 국립중앙도서관 출판예정도서목록(CIP)은 서지정보유통지원시스템 홈페이지(http://seoji.nl.go.kr)와 국가자료공동목록시스템(http://www.nl.go.kr/kolisnet)에서 이용하실 수 있습니다. (CIP제어번호: CIP2018015261)